Landschaft – verwandelte die
neue Schöne bereicherten. Ich 4
die Assoziation en unstilierten
hier, halteil aus breitend, in

jetzt noch ich oder diesen narrativen Essay unter
breiten. Denn ich habe den Verdacht, dass ich der
Hypeinung von Flottweggs beiwohne. Ich sehe an unnöst
jener Stelle wo ich wieder an eine Alm ähnlichen
Wiese, die beiden Berge von Honig zur Drehenkrüg
– also der untere und der obere – meinen um
sich einen Wald, die Drehenkrüg (auf der anderen
Hangseite) anzuschließen. In um liegt wieder ein
Biedermeierbild von Oberland. Heute scheint die
Sonne – die Tage unter, regnerisch, wirrig, schwärmt,
haben mehr an der Landschaft preisgegeben. Heute
liegt sie da, sonnentrocknen, zur sie liegt
oben da und lässt über Hangschaft einen guten
Mann sein, wie man wohl in Oberland sagen
würde. Aber wovon soll die Rede sein, von.
den von der Tatsache, dass sie mit drei Traktoren
mit dem Geknatter ihre dieset unteren über die Hänge
mähen. Hinter ihnen drehen sich riesige Spinnen-
räder die das halbfertige Heu um wenden. Dann
kann Betreten der Lichtung – und hier hat
man, wenn man an unten wohnt, den Ein –
druck ein Lichtung zu betreten – aber, ohne Be –
treten der Lichtung wäre mir aufgefallen, dass die
wirtige Blumenpracht wieder gemäht würde.
mich regt diese Brutalität der Land wirtschaft nicht auf,
denn sie ist ja nur ein ästhetisches Problem des
Städters, der jeden Zustand der Landschaft-
verweilend (weil es schön) haben möchte.

SONDERZAHL

Friedrich Achleitner

Die Plotteggs kommen

Ein Bericht

SONDERZAHL

Ich bin ihnen wieder in Gösing begegnet, am oberen Weg zur Ochsenburg, auf einer almartigen Wiese, die man zunächst als Lichtung erlebt. Sie standen zusammengerottet in zwei weit voneinander entfernten Gruppen, dicht aneinandergedrängt, abwehrend, als wollten sie sich verteidigen. Eine Gruppe stand etwas oberhalb der Forststraße, in der Mitte der Wiese, die andere dicht am Wald, unmittelbar vor einem Aussichtsplatz mit Tisch und zwei Bänken. Diesmal war der schöne Blick, die Aussicht verstellt, denn das Rudel war so dicht an den Tisch herangerückt, daß sich nur mehr einige Partien des Ötschers ins Gesichtsfeld schieben konnten. Ich war den Plotteggs schon öfters begegnet, vor allem in ärmeren, also alpinen Landschaften. Richtig wahrgenommen habe ich sie aber erst, als ich mit Manfred Wolff-Plottegg Richtung Schoberpaß fuhr und er mir von „diesen Dingern" vorschwärmte, die sich in der Landschaft so sperrig und unkommunikativ

benahmen oder, mit seinen Augen gesehen, das System Landschaft auf eine ungewöhnliche Weise bereicherten oder auch in Frage stellten. Meine Assoziationen kreisten eher um mutierte Ameiseneier, die, Unheil ausbrütend, in der Gegend herumlagen. So ein Plottegg ist, wurde ich unterrichtet, im agrarischen Kontext betrachtet, ein Minisilo, der das halbgetrocknete Heu durch Gärung in eine Silage verwandelt, die dann, vorausgesetzt die luftdichte Hülle hält, unbegrenzt haltbar sei. Ein Plottegg besteht aus vier Lagen Plastikfolie, die, über den zylindrischen Heuballen gespannt, sich auch noch durch den Druck verklebt. Die glasharte Oberfläche ist leicht durchschimmernd, sieht aus wie Eis auf einem tiefen Teich. Die enorme Spannung der Oberfläche vermittelt aber die Form: der zylindrische Heuballen erhält durch das Bandagieren, das Abpressen der Ränder und das Aufquillen der Mittelzone eine Gestalt, die, mit ländlichen Augen betrachtet, zwischen Faß und Kürbis einzuordnen wäre; eine Form, die Pressung und Spannung, Formwiderstand und Krafteinwirkung in einem ausdrückt, eine extreme Leistungsform also, die gewissermaßen durch einen dialektischen Mechanismus in eine Ausdrucksform hinüberkippt. Diese Plotteggs sind etwa 1,30 m

7

hoch und haben auch einen gleich großen Durchmesser. Daß sie trotzdem eher länglich erscheinen, ist nur eine optische Täuschung, die deformierten Zylinderkanten sind resistenter in ihrer Erscheinung als die im Volumen verborgenen Radien.

•

Ich muß jetzt meinen Bericht unterbrechen, denn ich habe den Verdacht, daß sich in meiner unmittelbaren Nähe etwas Ungewöhnliches ereignet. Ich sitze unweit jener vorhin beschriebenen Stelle an einem anderen Aussichtsplatz, diesmal am Rande jener Wiese, in der sich der obere und der untere Weg zur Ochsenburg vereinen. Vor mir ist wieder das Bilderbuchbild vom Ötscherland aufgebaut. Heute scheint die Sonne. Die Tage vorher – regnerisch, windig, treibende Wolken und starker Lichtwechsel – haben allerdings mehr von der Landschaft preisgegeben. Heute liegt sie da und läßt den Herrgott einen guten Mann sein, wie man sich hier in der Gegend auszudrücken pflegt. Vor mir, auf dem gekippten Almboden, der gleich einer Schüssel daliegt, kurven drei Traktoren mit einem aggressiven Geknatter ihrer Dieselmotoren. Hinter jedem dreht sich ein riesiges Spinnenrad, das halb

9

getrocknete Heu in die Luft wirbelnd. Schon beim Betreten der Lichtung – auch hier hat man, wenn man den Wald verläßt, den Eindruck eine Lichtung zu betreten – also beim Betreten der Almwiese war mir aufgefallen, daß die gestrige Blumenpracht niedergemetzelt am Boden lag. Mich regt diese Brutalität der Bauern nicht auf, denn sie ist ja eigentlich nur ein Problem der Städter, die jeden Zustand der Landschaft verweilend (weil so schön) haben möchten.

Während also die aggressiv kreuzenden Traktoren das Grünzeug hinter sich in die Luft warfen, fuhr ein vierter, sehr schnell, ganz knapp an meinem Tisch vorbei. Er hatte hinten eine Rolle halbgetrockneten Heus geladen, auf einer Art Walze aufgespießt, etwas größer als ein Plottegg. Kaum war das Gefährt verschwunden, war mir klar, daß ich einen Embryo gesehen hatte, sozusagen einen ungeborenen Plottegg, der zur anderen Lichtung geschleppt wurde, um vielleicht dort, in einem geheimnisvollen Ritual, in einen echten verwandelt zu werden. Diese geschwinde, etwas übereilte Abwicklung eines Transports machte mich neugierig, und ich verließ meinen Beobachtungs- und Schreibplatz, der diesmal ohnehin für eine schablonisierte Betrachtung des

11

Ötscher ungeeignet war. Während der leere
Traktor in entgegengesetzter Richtung wieder
an mir vorbeikrachte, hatte ich Zeit darüber
nachzudenken, ob nicht überhaupt dieser ganze agrarische Aktionismus mehr mit dieser
Landschaft zu tun hatte als mein biedermeier-
liches Schau- und Ruhebedürfnis, das eigentlich nur bereit war, ihre reproduktiven Aspekte
wahrzunehmen.

•

Mein sechster Sinn, sozusagen meine Plottegg-
nase, hatte mich nicht im Stich gelassen. Auf
der zweiten Lichtung, die in meiner Schilde-
rung die erste war, also dort, wo ich die Rudel
Plotteggs entdeckt hatte, war wirklich so etwas
wie eine mobile Gebärstation eingerichtet. Ein
Traktor, mit einem hinter dem Fahrersitz mon-
tierten Gerät, das von zwei Männern bedient
wurde, stand neben der Gruppe Plotteggs am
Aussichtsplatz. Dieses Gerät bestand aus zwei
tiefliegenden Walzen, die mit ihren Spitzen
wie Riesenbleistifte aussahen und auf die die
Heurolle gelegt wurde. Der Abstand der beiden Walzen war so groß, daß die Rolle gerade
nicht durchrutschen konnte, und durch die
Drehbewegung der beiden Walzen wurde auch
der Plottegg-Embryo gedreht. Die beiden Wal-

zen waren etwa eineinhalb Meter lang und hatten einen Durchmesser von etwa zwanzig Zentimeter. Über diesem mobilen Lager war ein Kranarm montiert (sozusagen ein Ausleger), an dem sich, diesmal an einer senkrecht stehenden Walze, ein Dreharm befand, an dem wiederum eine senkrecht stehende Walze befestigt war, an die man eine Rolle mit Plastikfolien befestigen konnte. Der Dreharm mit der Rolle konnte eine Kreisbewegung ausführen, so daß er den sich langsam drehenden Rundballen – das war die agrarische Bezeichnung für die Plotteggs – segmentweise bandagieren konnte. Dieser Bandagiervorgang hatte etwas geheimnisvoll Gespanntes, manchmal riß auch die Folie mit einem kurzen, hellen Knall, ich dachte eher an ein Krankenhaus, etwa am Fuße des Hahnenkamms.

•

Ich konnte es mir nicht verkneifen, mit den Geburtshelfern ein Gespräch zu beginnen. Diese Kleinsilos hätten, sagten sie mir, etwa ein Gewicht von mehr als einer halben Tonne. Der Gärungsprozeß dauert einige Wochen. Manchmal soll es auch vorkommen, daß sich so ein Plottegg selbständig macht und den Hang hinunter donnert. Einmal hätte eine Frau

Glück gehabt: sie hatte kurz ihren Liegestuhl verlassen; als sie zurückkam, war dieser in Kleinholz verwandelt.

.

Es ist kein Wunder, daß eine so geheimnisvoll gespannte Form, in der noch dazu ein nicht einsehbarer, unkontrollierter Prozeß abläuft, zur Mythen- und Legendenbildung reizt. Ihr Auftauchen in der Landschaft in gepackten Rudeln in zufälligen, schwer deutbaren Streuungen – eine jede Konstellation konnte etwas anderes bedeuten – ihre oft fast militärische Formation der Landnahme gaben zu verschiedenen Vermutungen Anlaß, von denen die folgende noch die harmloseste ist: Tourismusforscher erkannten darin ein System der Landschaftsvernichtung, so daß Menschen mit bestimmten Wahrnehmungsgewohnheiten – etwa jenen von Biedermeiermalern – sie ästhetisch nicht mehr konsumieren können. Nur wer den sogenannten Plotteggschen Code besitzt, hat die Fähigkeit, entweder die beiden Systeme wahrnehmungskritisch zu trennen oder sie als neues und zwar sehr aufregendes ästhetisches System zu erfahren.
Das subversive gestaltpsychologische Moment

besteht in der Einführung eines aggressiven Formelements von besonderer visueller Resistenz, das die historische, vor allem vom konventionellen Landschaftsgenuß abhängige Harmonie in Frage stellt. Für die Bauern sind diese Rieseneier kein Problem, sie besitzen einen nahezu traumhaften Nutzfaktor, der nicht nur in ihrer leichten Verteilbarkeit in Raum und Zeit besteht. Man kann sie im Winter ebenso problemlos zur Wildfütterung verteilen, wie mit leichtem Fuhrwerk in die Ställe holen. Für den Städter, den sommerfrischelnden Spaziergänger brachten sie die gewohnten Landschaftselemente durcheinander, in jeder idyllischen Konstellation von Baum und Bach, Wiese und Wolke, Haus und Hafer stand oder lag so ein Ding, das nicht nur unverschämt in der Sonne glitzerte, ja auf der Sommerwiese die Erinnerung an Schneemänner wachhielt, sondern auch durch die Form überall eine unkommunikative Präsenz signalisierte. Schließlich konnte man kein Dia mehr machen, ohne ein paar gleißende Punkte darauf zu haben, die bei den beschaulichen Urlaubsberichten nur zu unnötigen Fragen führen: Hobts im August no an Schnee ghobt?

•

Die große Explosion im Ennstal, die am 7. Juli 1992 den Grimming um 7,2 mm nach Nordwesten verschoben hat, ist vermutlich auf die leichte Oberflächenbeschädigung eines Plotteggs zurückzuführen. Wie nachgewiesen werden konnte, breiteten sich die Druckwellen absolut horizontal aus und zwar mit einer Exaktheit der Parallellinien, die als physikalische Sensation zu werten ist. Da gleichzeitig Liezen um rund 6,8 mm nach Südosten verschoben wurde, könnte man sogar die Explosion lokalisieren. Leider wurden aber am Ort des Ereignisses überhaupt keine Spuren gefunden, somit müßten die Berechnungen mit einem großen Aufwand durchgeführt werden. In der Differenz zwischen 7,2 und 6,8 mm liegt nämlich nicht nur die Distanz zum Explosionsort, sondern auch das Gesamtgewicht beider Objekte. Allein was die Berechnung des Grimming betrifft, gibt es schon verschiedene Denk- bzw. Berechnungsschulen, die natürlich meist mit komplizierten Computerprogrammen arbeiten. Was beim Grimming aber der Gestaltfaktor ist, das wird bei Liezen zum Streufaktor. Es gab sogar so abwegige Ansätze, wie etwa nur die gesetzlich genehmigte Baukubatur in Rechnung zu stellen, was, wie jeder Liezener weiß, geradezu lächerlich wäre. Da der

Ort der Explosion durch seine Spurenlosigkeit sich am Rande einer immateriellen Existenz befindet, wäre es unverantwortlich, mit Steuergeldern so teure Berechnungen anzustellen. Im Ennstal ist man daher der Meinung, dieses Problem sollte in Graz gelöst werden, man hätte schließlich vor Ort genug damit zu tun, die entsprechenden Bürgerinitiativen zu organisieren. Es müßte jedoch, vermutlich ebenso durch eine kostspielige Untersuchung, erst festgestellt werden, wogegen sich solche Initiativen eigentlich richten müßten.

•

Sich in ein Rudel Plotteggs zu begeben, ist nicht ungefährlich. Ein etwas schlecht gewikkelter, aber unter vollem Vakuumdruck stehender Plottegg behauptete, es handle sich in diesen prallen Körpern um virtuelle Räume, die aber – er bemerkte meine Skepsis – sich in reale rückverwandelt hätten. Ihre Virtualität bestünde sozusagen resthaft, ihre Unzulänglichkeit läge darin, durch einen Nadelstich in reine Banalität verwandelt werden zu können. Das Prinzip der Virtualität hätte sich bei den Plotteggs auf eine total-kommunikative Interesselosigkeit zurückgezogen, was sich auch in der gestauchten Körperhaltung aller Plotteggs

äußere; sie signalisiert – um es in einem Satz zu sagen –, daß nichts von geringerem Interesse sei als der virtuelle Raum eines anderen, daß sie einem allesamt gestohlen werden können. So der schlecht gewickelte Plottegg.

•

Da ich auf der Bank kurz eingenickt war, weiß ich mit bestem Wissen nicht mehr, ob die *Geburt eines Plotteggs* nicht doch ein Traum war. Dem steht aber die Nachricht entgegen, daß das *System Plottegg* überall sogenannte Ersatzhandlungen inszeniere – also eine Scheingeburt von Plotteggs –, um landauf, landab den Eindruck zu erwecken, daß es sich um ganz normale Vorgänge landwirtschaftlicher Produktion handle. Wenn, wurde uns versichert, alle hundert Quadratkilometer eine solche Herstellung vorgetäuscht werden könne, sei das Land vollkommen zu beruhigen. Mir ist nur aufgefallen, daß die Herstellung eines solchen Plotteggs ein relativ langwieriger Prozeß ist und daß ich genaugenommen nur die Produktion eines einzigen Stücks bezeugen kann. Die Männer sagten zwar, sie würden noch einen machen, was vermutlich auch stimmte, denn nach einer halben Stunde haben sie mich mit ihren Traktoren auf der Forst-

straße überholt. Ihre Gesichter waren merkwürdig erstarrt. Das Gerät war übrigens so zusammengeklappt, daß man seine wirkliche Funktion nicht erraten konnte.

•

Am nächsten Tag kam ich wieder zu meinem Platz zurück. Es begrüßte mich ein gepflegter Herr mit einem Steireranzug, durch sein Herrenparfum drang unangenehm ein Heugeruch. Auch sein Steirerrock glich nicht dem grauen Rock des Erzherzogs, sondern eher den Phantasiekostümen aus dem Ausseer-Land. Er fragte mich freundlich und mit betonter Unverbindlichkeit, was ich hier mache, woher ich käme, was ich überhaupt mache und ob mir die Gegend gefiele. Er sei begeistert von diesem Land, nur diese blinkenden, eisigen Kugeln, die sich hier in der letzten Zeit wie die Pest verbreiteten, beleidigen sein Auge. Man müsse eine Verordnung herausgeben, die bestimmte Formationen dieser Kugeln in der Landschaft einfach verbiete: Alle wie immer gearteten geometrischen Ordnungen, alle weithin sichtbaren, alle künstlich wirkenden, alle, ja alle Ordnungen und auch die Unordnungen, schon gar diese punktuellen Erscheinungen, diese unerwarteten, diese plötzlichen. Schließ-

lich könne sich der Bauer nicht alles erlauben, ein wenig müsse ihm die Landschaft schon auch heilig sein, sie sei ja schließlich auch unsere Heimat – nicht? – auch die der Touristen, die ja wegen dieser Werte – das Wort ewig hatte er irgendwie verschluckt – jedenfalls nicht wegen dieser neuen in unser schönes Land kämen.

Ich ließ mich auf dieses Thema nicht ein, da mir dieser gepflegte Herr angesichts des Ötschers nicht ganz geheuer war. Er hätte Verbindung zur niederösterreichischen Bauernkammer, ja, er hätte sogar bei der Raiffeisenkassa einiges mitzureden, und er hätte vor – entsprechende Signale kämen sogar aus der Steiermark – einen berühmten Wiener Maler einzuladen, der sich überlegen solle, wie man diese kleinen Ungeheuer besser in die Landschaft einfügen könne. Er stelle sich nette Bemalungen vor, die natürlich in einer hübschen Art auch abstrakt sein könnten. Ich konnte mir den Hinweis nicht verkneifen, daß man auf diesem Gebiet schon im Zweiten Weltkrieg, also im Dritten Reich, gute Erfahrungen gemacht hätte, indem man durch Bemalung ganze Fabriken, Sendeanlagen oder Kasernen im Gelände verschwinden ließ. Dieser Vergleich gefiel dem Herren gar nicht, schließlich hätte

.

er ja an Kunst gedacht, die heute, dank der
Geldinstitute, besonders gut gedeihe und die
auch eine besondere Verantwortung gegenüber
der modernen Kulturlandschaft hätte. Ich kann
das Wort Landschaft gar nicht mehr hören,
sagte ich im Angesicht des Ötschers, worauf
sich der Herr spontan erhob und mich grußlos
verließ.

•

Das Problem der Bestimmung der Grimming-
Masse oder des Grimming-Massivs hatte bereits ein breites Interesse erweckt. Wie immer,
rief auch diese Frage eine große Anzahl von
Dilettanten auf den Plan. Hervorzuheben wäre
ein Bauer aus Aigen, der den Vorschlag
machte, das Massiv einfach in Gips abzugie-
ßen, die umgedrehte Hohlform mit Wasser zu
füllen und dieses dann über einen Wassermes-
ser auslaufen zu lassen. Dieses Projekt, das
vermutlich billiger als manch wissenschaftli-
che Berechnungsmethode gewesen wäre, wurde natürlich von den Wissenschaften abge-
lehnt. Genaugenommen hat man die Oberflä-
chengenauigkeit angezweifelt, weil sich beim
Abguß Teile vom Fels gelöst hätten, so daß
daraus weitere Streitfragen entstanden wären,
vor allem jene, wo nun der Grimming eigent-

lich beginnt oder aufhört. Ein Lehrer aus Pürgg träumte von einer Art umgestülptem Hologramm, was aber zur Methode der Berechnung eigentlich keinen Beitrag brachte. Ein nicht näher bekannter Herr dozierte im Wirtshaus – in jener schönen Holzveranda, in der ich mit Manfred Wolff-Plottegg nach der verhängnisvollen Entdeckung der Plotteggs saß – es gäbe inzwischen, die Berechnungen des Grimming betreffend, eine Form- und eine Zeitfraktion. Die Zeitfraktion, um gleich bei der schwierigsten zu beginnen, beschäftige sich mit der Tatsache, daß der Grimming ständig in Veränderung begriffen sei, einmal durch die natürliche Korrosion und zweitens durch die Vegetation. Wasser, Schnee und Eis wurden aus der vorläufigen Beobachtung ohnehin ausgeschlossen, da man sonst mit dem Problem überhaupt nicht zurande käme. Die Wissenschaft liegt schon darüber im Streit, ob die Vegetation als Bestandteil des Berges anzusehen sei, da schließlich Humus und Wurzelwerk einen beachtlichen Ungenauigkeitsfaktor darstellen. Die Fundamentalisten plädieren natürlich für die Berechnung des reinen Felskörpers. Es wird Ihnen nicht entgangen sein, daß bei diesen Ansätzen die Zeitfraktion schon lange in das Thema der Formfraktion

33

hineinpfuscht, die auf ihre Weise wiederum zum Ergebnis kam, daß kein Zustand des Grimming mit einem anderen ident sei, so daß sich zuletzt die Frage erhebt, ob es *den Grimming an sich* überhaupt gibt. Da sich die Zeitfraktion zwangsläufig in eine Formfraktion verwandle und umgekehrt, beschloß man ein dialektisches Vorgehen, wobei zumindest eines gesichert ist, daß es sich um einen nicht abschließbaren Prozeß handle. Sollte es gelingen einen Zustand des Grimming wirklich festzuhalten, so wäre es dann von untergeordneter Bedeutung, ob man die Veränderungen in einem exakten Zeitraster registriert oder ob man der Zeit ihr eigenes Maß läßt und dieses mit den Größenverhältnissen der Ereignisse bestimmt. Vor der letzteren Methode wurde aus verständlichen Gründen ausdrücklich gewarnt. Jedenfalls kippt hier das Zeitproblem wieder in ein räumliches hinüber, denn der Grimming führt uns hier nicht nur an die Grenzen der Wahrnehmung, sondern auch in das Schlamassel ihrer Mitteilung und Konservierung, von dem man vermutlich noch nicht einmal in Graz etwas ahnt.

Es wird noch viel Wasser die Enns hinunterfließen, meinte ein anderer Experte in der schönen Veranda, denn wir haben ja noch gar

35

nicht vom Maßstab, geschweige denn von den Toleranzen gesprochen, auf die man sich mit aller Vorsicht einlassen könnte. Ab welcher Menge verändert sich ein Gebirgsmassiv wie der Grimming wirklich? Ist es, wenn ein Tourist einen faustgroßen Stein lostritt, schon eine Veränderung? Da müssen sich unsere Experten noch ein wenig die Birnen weichdenken, sagte ein etwas vorlauter Zaungast.

•

Im Ennstaler Boten vom 25. November 1991 fand man eine kurze Notiz, nach der im hinteren Defreggen schon 1990 die ersten Plottegg-Spiele abgehalten wurden; und zwar hat man, so der Bericht, ausgelöst durch Funkzeichen, zu gleicher Zeit von allen Bergbauernhöfen Plotteggs abgelassen, die mit einem ungeheuren Getöse zu Tal sausten. Bayrischen Berichten zufolge handelte es sich aber um eine archaische Touristenaustreibung, da bei dieser konzentrierten Aktion über 730 (siebenhundertdreißig) frei parkende Autos vernichtet und nebenbei hunderte Appartements und Zweitwohnungen zerstört wurden. Man befürchtet nun, daß sich ähnliche Aktionen in der ganzen alpinen Region ereignen könnten.

•

37

Als ich ins Hotel zurückkam, saß eine Runde
ernster Herren um einen runden Tisch. Das sah
nach einer Kommission aus, und das war sie
auch. Die Runde bestand aus dem Kurarzt, einem Förster, jenem Bauern, der das Bandagier-
gerät bedient hatte, dem parfümierten Raiff-
eisenmenschen, zwei Herren – einer von der
niederösterreichischen und einer von der steirischen Bauernkammer – und einem Personalvertreter des Hotels. Ich weiß schon, ich habe
die Alibifrau vergessen, aber es war wirklich
keine vorhanden. Ich wollte Guten Abend sagen, da forderte mich aber der Vorsitzende
schon auf stehen zu bleiben, sie hätten, wurde
mir sachlich mitgeteilt, mein Manuskript im
Zimmer gefunden, und so mußte leider die
Kommission tätig werden. Es erübrige sich an
diesem schönen Ort, der sogar von einem Kar-
dinal aufgesucht werde, sich auf eine Diskussion einzulassen. Tatsache sei, daß ich mich
während der Tage meines Aufenthalts nicht in
die Landschaft integriert hätte. Man wolle da-
von absehen, sagte der Kurarzt, daß die ver-
ordneten Spaziergänge zu kurz waren, schwe-
rer wiege schon die Tatsache, daß ich immer
die gleichen Routen gegangen sei, was das
Wild förmlich in einen Stundenplan zwang.
Meine Kleidung und mein Schuhwerk könne

man nur als Verspottung der Ötscherlandschaft auffassen, außerdem hätte ich mich, versicherte der Personalvertreter, zu den unmöglichsten Zeiten im Zimmer aufgehalten. Das seien jedoch alles keine Gründe, versicherte einstimmig die Kommission, einen ruhigen und schweigsamen Gast an die Luft zu setzen. Nachdem aber mein Manuskript vom Bauernbund und der örtlichen RAIKA geprüft worden wäre, hätten auch alle anderen einschlägigen Organisationen festgestellt, daß man der Gefahr bereits an der Wurzel begegnen müsse. Mit solchen Augen und Gedanken durch unsre gemeinsame Heimat zu gehen, das kann weder im Ötscherland noch im Wallfahrtsbezirk Mariazell geduldet werden. Der Herr Vorsitzende machte eine imposante Handbewegung und warf das Manus ins Kaminfeuer und sagte wie der Theatermacher: Das Taxi steht bereit. Ich wurde noch gebeten, Verständnis für die Maßnahme der Kommission aufzubringen, es ginge ja nicht gegen mich persönlich, nur gegen ein Prinzip, das eben mein Unglück sei, es zu verkörpern. Diese merkwürdig verunsicherten Menschen versicherten mir noch, sie seien nur als Funktionäre tätig geworden, die eben ein anderes Prinzip eingesetzt hätte, und gerade dieses sei von mir so bedenkenlos herausge-

fordert worden. Zu ihrer Ehre muß ich noch erwähnen, daß sie das Wort Pflicht nicht in den Mund nahmen. Außerdem, sagten sie, wisse man, daß ich öfters nach Jugoslawien gefahren sei, ja sogar in die Türkei, wo ich auch hinpasse. Geradezu aber ein Verbrechen sei es gewesen, das schöne deutsche Wort *Rundballen* durch Plottegg zu ersetzen, das wohl aus dem Slowenischen käme. Ich hätte jetzt eine heftige etymologische Diskussion eröffnen können, denn das schöne deutsche Wort Rundballen grenzt ja nicht nur an eine tautologische Schweinerei, sondern es kommt vermutlich weder *rund* noch *Ballen* aus dem Germanischen. Das Allerbeste behielt ich aber für mich: *plot-eggs* gibt es auch im Englischen, wobei plot die Doppelbedeutung von Fleck, Stück Land, aber auch Verschwörung, Verwicklung und Intrige hat. Genaugenommen waren die Schotten die Erfinder dieser Überraschungseier, die ursprünglich aus Stein waren und schon in den Highlands gegen die Römer erfolgreich eingesetzt wurden.

Im Taxi sitzend, klopfte ich auf meine linke Seitentasche, in der ich immer mein schwarzes Notizbuch trage. Der Kommission entging es nämlich, daß ich diese Geschichte zuerst darin niedergeschrieben hatte.

ƒ

43

P. S.

Zu meiner Freude entdeckte ich im steirisch-herbstlichen Graz 1992 einige Plotteggs vor dem Künstlerhaus. Da ich auch gleich bei der nächsten Ausstellungseröffnung den leibhaftigen Plottegg traf, erzählte mir dieser folgende Geschichte: Er wollte eine größere Zahl von Rundballen in der Grazer Altstadt als Wegweiser, Signale oder Werbezeichen für verschiedene Ausstellungen verwenden, hatte jedoch die subversive Kraft dieser Eier unterschätzt. Diese provozierten nämlich in der ersten Nacht bei den Passanten die wildesten Einfälle: Einige wurden auf die Fahrbahnen gerollt, andere aufgeschnitten und angezündet oder in die Mur geworfen. Obwohl sich, wie man den sehr objektiven Polizeiberichten entnehmen kann, die Plotteggs völlig passiv verhielten, lösten sie die größten Aggressionen aus. Ja gerade ihre geballte Passivität, ihre stumme Anwesenheit, hatte die Aktionen der Grazer provoziert. Und das Ganze, obwohl sich bis Graz der gezielte Defregger Aktionismus noch gar nicht durchgesprochen hatte. Man hegt inzwischen den Verdacht, daß der Erfinder der Plotteggs ein Stadtmensch sein müsse, worauf sich die Landleute ihren Reim machen sollten.

45

P. P. S.

Bei einem weiteren Besuch in der steirischen Landeshauptstadt (am Freitag, dem 13. November 1992) fand ich am frühen Morgen im Umfeld des Künstlerhauses einige Plotteggs. Sie waren zum Teil zerfetzt, enthäutet oder versperrten die Wege durch den Park. Die weniger verwundeten zeigten die Aufschrift HUMANIC. Natürlich kann ich auf dieser Ebene die Geschichte nicht mehr weitererzählen und betrachte sie als endgültig abgeschlossen.

Gedruckt mit Unterstützung des Bundesministeriums
für Wissenschaft, Forschung und Kunst
und der Steiermärkischen Landesregierung

2. Auflage 1996
Alle Rechte vorbehalten
© 1995 Sonderzahl Verlagsgesellschaft m.b.H., Wien
© der Abbildungen bei Friedrich Achleitner
(Seite 2, 4, 16, 24 und 42), Paul Ott (Seite 44 und 46)
und Manfred Wolff-Plottegg (Seite 18 und 22)
Satz: Design Satz Studio, Wien
Schrift: Times New Roman
Druck: REMA*print*, Wien
ISBN 3 85449 081 X

Internet-Zugang zu dieser Publikation
via world wide web:
http://baukunst.tu-graz.ac.at/~plottegg/eggs.html

Umschlag von Thomas Kussin unter Verwendung einer
Skizze von Friedrich Achleitner
Die Skizze und die auf den Vorsatzblättern wieder-
gegebenen Manuskriptseiten wurden dem
Notizbuch von F. A. entnommen

Die harte Explosion in Kunsthal, die am 7.7.92 – den letzten Messungen nach – den Zündung in 7.2 mm nach Mitternacht verübt hat, ist vermutlich auf der Oberfläche mit einem Plottegg zurückzuführen. Die nachgewiesen wurde, verliefen die Druckwellen exakt horizontal, so daß es sich, wie man ohne mit bescheidenem physikalischen Kenntnissen festellen kann, um ein ungewöhnliches Phänomen handeln dürfte. Da auch tiefen um 6,2 mm nach ... verübt wurde, dürfte die behelbiwung des explodierenden Plottegg ... gewesen sein. Da am Ort der Explosion keine wie immer gearteten Spuren gefunden wurde, kann die differenz nur im Verhältnis der Gewichte ... der Zündung ... zur Transportierung gerechnet werden. Da aber anderes ..., der Ort der Explosion – der durch seine absolute immaterielle Existenz ... – ... genügend Bedeutung ..., ... man sich die Versuchserie wohl in Ganze ersparen können.

In einem Modell am Plottegg sich zu begeben ist nicht ungefährlich. Ein etwas neller gewickelt, aber trotzdem im ... vollem Vacuum ... den Plottegg behauptete, es handelt sich in wirklich... in den parallen ... in virtuelle Räume, die aber – er bemerkte meine Skepsis – sich in reale sich verwandelt hätte... ihre virtualität bestände in ihrer ... , die ist sich